男がまいる料理の基本が和食の朝ごはんである

米を10回炊く。みそ汁を10回作る。
干物を10回焼く。
とにかく「続けて10回!」やれば、コツをつかめる。
たまにしかやらないとカンが鈍る。
料理だって本を読んで基本を覚えるだけでなく、
練習しなきゃ。

女は知らない。

男が料理に何を求めているのか。そして、女に何を求めているのか。

女であるというだけでむやみな自信をもつ女以外は、知りたい、そして男の心をのぞいてみたいと思っているはずだ。

その答えはシンプルだ。男が女の手料理に求めることは決して多くない。ほっとできるような、温かくてしみるような味を一緒に味わいたい。それだけである。

いかにも高そうな食材だらけの料理、どこの国のものかわからないような不思議な料理、いかにも工夫しましたという料理。これらはみんな男に喜ばれない。それらは食卓で男を緊張させてしまうからだ。よく見れば「おいしい」と口では言っても表情が冴えないはずだ。

ところが、女たちはこれらの料理を自慢気に出してくる。

「これ、高かったのよ」「ちょっと変わった味でしょ」「ひと工夫してみたの」

すべて、男が聞きたい言葉ではない。安い食材で、定まった普通の味で、工夫のあとをみせずに、おいしい料理を出してほしいのだ。

時間ができると女たちは食べ歩きをするのに、男たちはいつもの定食屋にしか行かない。男の舌が保守的なせいだとしても、それを変えるのはなかなか難しい。だとしたら、男の舌に料理をあわせてみたらどうか。男の心をつかみたかったらまず胃袋をつかまえろ、とはよく言われることだが、原則さえ守ればそんなに難しくはない。

「料理は得意？」と聞かれたら、「豪華な料理、しゃれた料理はできない」と答えるのが一番いい。「野菜炒めみたいなものなら」と言ってもいいだろう。そこでカレーとかシチューと答えてはいけない。どんなにうまいものでもレストランにはかなわないからだ。だが、うまい野菜炒めはプロに勝てなくはない。そしてこの子はそういうシンプルだが何気なくうまいものを作るのだろう、と男は考えをめぐらせる。

実際に作るときは自信があろうがなかろうが、騒ぎながら作ってはいけない。男にはじめて作るときは緊張するものだし、それを口にするのを可愛いと思ってくれる場合はいいが、いつもそうとは限らない。むだなく動いて、さっと出る、「静かな料理（調理）」が男を喜ばせる。そして、ちまちまとした盛りつけでなく豪快であればいうことはない。男の胃袋は、大量の盛りつけによく反応するようできている。

　私は、男が求める料理、男がまいってしまう料理とはどんなものかを知っていただきたい。

　実はここにのっているメニューの3割は初めて作ったものだ。ふざけるな、と言われそうだが、前から「あれを作ればうまそうだな。なんとか作れるんじゃないか」と思っていたものばかりで、ぶっつけ本番でやってみたらみんなうまかった。

　プロを超えようとするわけじゃないから、これぐらいの気持ちでやった方がいいし、基本さえおさえておけばとっさの場合でも作れる。

　昔から私はとっさに作らされてきた。18歳のときに知りあいのレストランに遊びに行ったらコックが外出したあとに客がやってきて海老フライを作らされた。そんなもの生まれてから一度も作ったことがなかったが、たまに見ていた手順を必死に思い出して作った。

　寿司屋でだしまき卵を作ったら、店の主人が客に出したのには驚いた。

　あまり料理を特別なものと思いすぎなかったから、緊張もせずなんとか作ることができたのだろう。男に作る料理を特別なものと考えてはいけない。男はその普通さを求めている。

　これからいい男を見つけようというのなら、得意であろうがなかろうが、手料理を食べさせてみればいい。その反応で男のいろんな面が見えてくるだろう。

　もちろん、この本は男にも読んでほしい。自分で作るのもいいし、さりげなく彼女にほんとはこんなものが食べたいんだ、とアピールするのもいい。

　とにかく、この本を読んで男の気持ちを知ると共に、私がグッとくるような

いい女が増えることを望んでいる。

大竹まこと

目

次

だしの取り方

だしは和食の基本。一度覚えてしまえば簡単においしいだしが取れる。多めに作って保存することも可能だ。冷蔵庫で2〜3日、冷凍なら1ヶ月を目安に。その場合は、だし汁にひとつまみの塩を加えておくとよい。また、時間のない時は市販の顆粒だしを使った簡単だしが便利。ひとつまみのかつお節を加えるだけで、風味も味も全然違う。最後のひと手間が大切だ。

あわせだし

- ●水　1リットル
- ●昆布　10g
- ●かつお節　20g

①昆布は、12cmくらいに切る。旨みが逃げないように清潔な布きんで表面の汚れをさっとふき取る。

②鍋に水と昆布を入れ火にかけ、10分くらい煮出す。沸騰する直前に昆布を取り出す。

③かつお節を入れひと煮立ちしたら火からおろし、かつお節が沈んだらあくを取り除く。

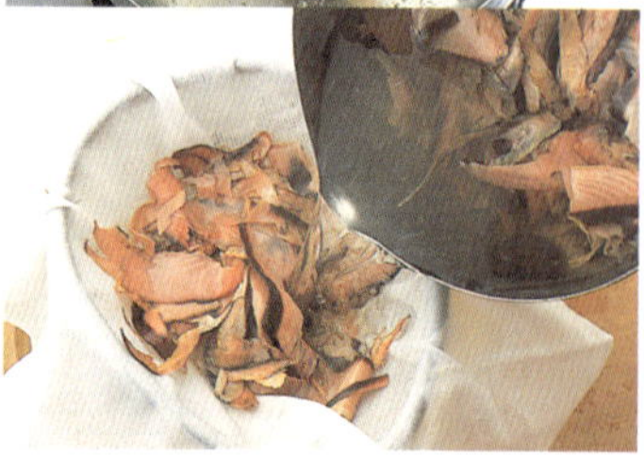

④ざるにネルの布(目の細かい布巾でも可)を敷いてボールに入れ③のだしを注ぎこす。

だしまき卵

「形が崩れたとしても焦げてなければよし」

丁寧に作ってみようという気持ちがあればいい。安い卵で練習しているうちに、そのうち形も整ってくるだろう。

材料

●卵	5個
●だし汁	大さじ5
●砂糖	大さじ3
●しょうゆ	小さじ1
●水	大さじ2
●塩	適宜
●サラダ油	適宜

作り方

①ボールに卵を割りほぐし、調味料と冷ましただし汁を加えよく混ぜる。卵を泡立てないように、白身を切るように混ぜる。

②卵焼き器を火にかけ、サラダ油を含ませたペーパータオルで油をぬる。中火にし、①の溶き卵をおたま8分目ほど流し入れ、卵が半熟状になったら手前に巻く。

③巻いた卵を向こう側に寄せ、卵焼き器のあいたところに油をぬる。再び溶き卵を流し入れて巻く。巻いた卵を少し持ち上げて、その下にも流し込む。5～6回同じ手順をくり返しながら残りの溶き卵を流し込んで焼き巻いていく。

④焼きあがったら、端によせて形を整える。

簡単だし

●水	1リットル
●顆粒だし	大さじ1/2
●鰹節	5g

①鍋に水を入れ火にかけ、顆粒だしを入れる。

②沸騰したらかつお節を加え火を止める。

③ざるをボールに入れ、②を注ぎこす。

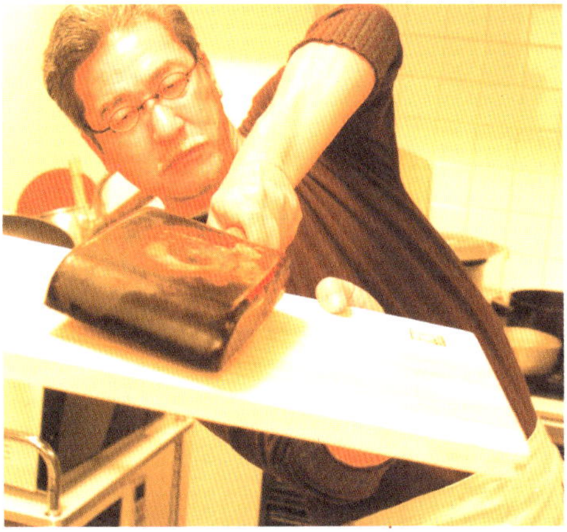

カニチャーハン

「飯の粘り気は敵だ。木べらで断ち切れ!」

ご飯をパラパラにするのが難しく、男の力技と見られがちなチャーハンだが、木べらでご飯をていねいに細かくほぐせばなんとかなる。また、あたたかいご飯のほうが、ほぐしやすい。だが、少々べたついても味付けがよければ気にするな。だんだんうまくなる、その過程を見せることも必要だ。

材料 [2人分]

●あたたかいご飯	どんぶり2杯分
●長ネギ	1/4本
●溶き卵	2個
●カニ缶	1缶
●チャーシュー	2枚
●チャーシューのたれ	大さじ1と1/2
●ラード	大さじ4
●塩	適宜
●うま味調味料	適宜
●こしょう	適宜

作り方

①長ネギは小口切り、チャーシューは細切りにする。カニは缶から出し、汁気を切ってほぐしておく。
②よく熱した中華鍋にラードを入れ、溶き卵を入れる。
③卵がふんわりして半熟状になったら、ご飯を加え木べらで細かく切るように炒める。
④ご飯がパラパラして卵とよく混ざったら、長ネギを入れさっと混ぜ、うま味調味料と塩、こしょうで軽く味付けする。
⑤カニとチャーシューを加え、全体に混ざったら、鍋肌からチャーシューのたれを回し入れ手早く炒める。

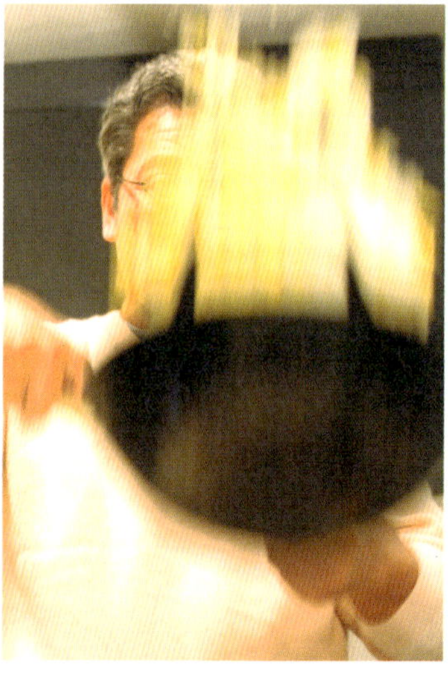

どんぶり2種
卵丼／そぼろ丼

「卵丼はどんぶりの基本！
これさえ覚えれば、
カツ丼も親子丼も簡単だ」

男は丼ものが好きだ。その基本を覚えなくてどうする。何度も作って、卵丼ならご近所でも五本の指に入るくらいの腕になってほしい。そこからの上達は早いだろう。丼1杯につき卵は1個でよし。そぼろ丼のいり卵は、箸を5〜6本まとめて握って、手早くかき回す。

卵丼｜そぼろ丼

材料

卵丼［1人分］

●ご飯	どんぶり1杯分
●溶き卵	1個
●玉ネギ	1/3個
●なると	1/4本
●だし汁	大さじ4
●しょうゆ	大さじ1と1/2
●塩	小さじ1
●砂糖	大さじ1
●三つ葉	1/2束
●きざみのり	適宜

そぼろ丼［2人分］

	●ご飯	どんぶり2杯分
	<牛そぼろ>	
	●牛ひき肉	200g
a	●しょうゆ	大さじ2
	●砂糖	大さじ2
	●酒	大さじ1
	●しょうがの絞り汁	小さじ1
	<いり卵>	
	●溶き卵	2個
b	●砂糖	大さじ1/2
	●塩	少々
	●サラダ油	適宜

作り方

卵丼

①鍋にだし汁を入れて火にかけ、小さく切った玉ネギと、薄切りにしたなるとを入れる。

②塩、しょうゆ、砂糖を加え中火で煮立てる。

③玉ネギに火が通ったら溶き卵を流し入れ、半熟状になったら火を止め、三つ葉をのせふたをする。

④ご飯を入れたどんぶりに③を汁ごと盛り、きざみのりをのせる。

そぼろ丼

①フライパンにサラダ油を入れ熱し、牛ひき肉とaの調味料を入れ強火で手早く炒める。汁気がほとんどなくなるまでよく炒めたら、しょうがの絞り汁を加える。

②鍋に溶き卵とbを入れ弱火にかけ、箸5〜6本でかき混ぜながら炒め、いり卵を作る。

③どんぶりにご飯を盛り、牛そぼろといり卵とをきれいに盛りつける。

海鮮キムチ丼

「刺し身を普通に食べるなら、
料理屋に負ける。
味付けしてこそ家庭の味」

赤身と白身を共に入れれば焼き目をつけた時、贅沢な感じが出るので両方用意したいものだ。野菜のナムルがなくてもキムチさえあればOK。これを出すのは、刺身を食べながら呑んだ翌日の昼ってところか。残りものをうまく使われると男はグッとくる。

材料［1人分］

●ご飯	どんぶり1杯分
●残りものの刺身	適宜
●だし醤油	大さじ3
●白菜キムチ	適宜
●ナムル（市販のもの）	適宜
●白ゴマ	適宜

＜自家製コチジャン＞

a	●ラー油	大さじ1
	●みそ	大さじ4
	●しょうゆ	小さじ1
	●みりん	小さじ2
	●トウバンジャン	小さじ1/2
	●ガラスープの素	小さじ1

作り方

①刺身はだし醤油に5分つけておく。
②ボールにaの調味料を入れ、コチジャンを作る。
③どんぶりにご飯を盛り、ナムルを色どりよく盛りつけ、①をのせる。最後に白菜キムチと白ゴマをのせ①のつけ汁を上から少し回しかける。
④180度に熱したオーブンに、どんぶりごと入れ、刺身に焼き目がついたら取り出す。
⑤コチジャンを入れて食べる。

袋の表示時間よりも1～2分長くゆでることである。ナポリタンの時だけ柔らかめにゆでたほうがうまいのだ。なぜかは知らないが。

スパゲティナポリタン

「男好きするナポリタンのスパゲティは柔らかめ」

材料［2人分］

●スパゲティ	200g
●塩	大さじ1
●玉ネギ	1/4個
●ピーマン	2個
●ハム	5枚
●マッシュルームの缶詰	1/2缶
●バター	10g
●ケチャップ	大さじ5
●ウスターソース	小さじ1
●サラダ油	大さじ1
●塩・こしょう・うま味調味料	適宜

作り方

①大きめの鍋に湯を沸かし、大さじ1の塩を入れ、スパゲティを好みの固さにゆでる。

②ピーマン、玉ネギ、マッシュルーム、ハムは薄切りにする。

③フライパンにサラダ油とバターを入れ熱し、玉ネギ、ピーマン、ハム、マッシュルームを炒める。

④野菜に火が通ったらゆであがったスパゲティを入れ炒め、ケチャップとウスターソース、塩、こしょう、うま味調味料で味を整える。

豚肉のしょうが焼き

「ご飯がすすまない
しょうが焼きはニセモノだね」

甘いしょうが焼きはダメ。みりんは少なめに。スパゲティと一緒に炒めることで、ボリュームもアップ。そしてご飯がすすむ。

材料 ［2人分］

	●豚ロース薄切り肉（しょうが焼き用）	200g
	＜つけ汁＞	
a	●しょうゆ	大さじ3
a	●酒	大さじ1と1/2
a	●みりん	大さじ1
	●しょうがのすりおろし	1かけ分
	●サラダ油	適宜
	●スパゲティ	200g
	●ニラ	1/4束
	●玉ネギ	1/4個
	●キャベツ	1/6個

作り方

①ボールにaの調味料を入れ、つけ汁を作る。

②肉と一緒に、ニラ、薄切りにした玉ネギ、食べやすい大きさに手でちぎったキャベツを①のつけ汁に15〜20分つけ込む。

③たっぷりのお湯でスパゲティをゆでる。

④フライパンにサラダ油を入れ熱し、②につけた肉を中火で両面を焼く。

⑤④に野菜とつけ汁の半分を加え、一緒に炒める。

⑤ゆで上がったスパゲティと残りのつけ汁を入れ、強火でさっと炒める。

ハンバーグ

「家で食べるハンバーグはでかく、たくましいハンバーグであれ！」

パン粉はあくまでつなぎ。つなぎは少ないほうが絶対にうまい！ それから料理本の読みすぎなのか、肉を焼いた肉汁をありがたそうに使ってソースを作る傾向にあるが、カスが残ってあまりきれいではないので、ソースは別のフライパンで作るべし。

材料 ［2人分］

●あいびき肉	500g
●玉ネギ	1個
●パン粉	30g
●卵黄	1個分
●塩	小さじ1
●こしょう	小さじ1
●トマトケチャップ	大さじ2
●サラダ油	適宜

＜ソース＞

●バター	10g
●ベーコン	3枚
●ウスターソース	大さじ1
●トマトケチャップ	大さじ2

＜つけあわせ＞

●にんじん	1本
●じゃがいも	1個
●砂糖	大さじ5
●バター	20g

作り方

①フライパンにサラダ油を入れ熱し、みじん切りにした玉ネギを透き通るまで炒め、冷ましておく。

②ボールにひき肉と塩、こしょう、ケチャップを入れざっと混ぜる。

③②に①の玉ネギと卵黄、パン粉を加えよくこねる。

④③を2等分にし両手で10回くらいキャッチボールをするようにしながら空気を抜き、楕円形に形を整える。中央の部分は熱の通りをよくするために軽く、くぼませる。

⑤フライパンにサラダ油を入れ熱し、④を並べ中火で5分片面を焼く。焼き色がついたら裏返し、ふたをして再び5分蒸し焼きにする。

⑥⑤をフライパンごと250度に熱したオーブンに8分入れ、中まで熱を通す。

⑦つけあわせのにんじんとじゃがいもは、皮をむき、にんじんは1.5cmの輪切りに、じゃがいもは乱切りにする。鍋にバターを入れ熱し、バターが溶けてきたらにんじんとじゃがいもを加え砂糖を入れて柔らかくなるまで炒め煮する。

⑧別のフライパンに4cmくらいに切ったベーコンを入れ弱火でカリカリになるまで焼いたらバターを加え、取り出しておく。同じフライパンに、ケチャップとウスターソースを入れ中火で煮詰める。

⑨皿にハンバーグとつけあわせの野菜を盛りつける。ハンバーグの上に⑧のベーコンをのせ、ソースをかける。

野菜炒め

「野菜炒めのコツは肉にあり」

ベーコンとひき肉が調味料がわりなので、薄めの味付けでもよい。にんじんは火が通りにくいので早めに入れること。もちろん固い野菜から先に炒めるが、炒めすぎないで、シャキッとした食感を残さなくてはならない。

材料 ［2人分］

●キャベツ	1/2個	●牛ひき肉	50g
●にんじん	1本	●ごま油	大さじ2
●玉ネギ	1個	●しょうゆ	大さじ2
●ニラ	1束	●塩	適宜
●ピーマン	3個	●こしょう	適宜
●マッシュルーム	3個	●うま味調味料	適宜
●ベーコン	4枚		

作り方

①にんじんは斜め薄切り、ニラは4cmの長さに、マッシュルームは薄切り、玉ネギとピーマンは厚めに切る。キャベツは大きめのザク切りにする。ベーコンはひと口大に切る。

②フライパンにごま油を入れ熱し、牛ひき肉を入れて中火で炒め、ひき肉の色が変わったら、塩とこしょうで軽く味をつける。

③ベーコン、にんじんを入れよく炒めたら、玉ネギ、ピーマン、マッシュルーム、キャベツ、ニラの順に野菜を入れ、うま味調味料を加え強火で炒める。

④野菜にだいたい火が通ったら、しょうゆを鍋肌から回し入れ味を整える。

男がニラレバ定食を食べる理由

若い男のひとり暮らしは貧しい。たまに独身貴族というのがいるが、たいていは貧乏だ。

貧乏な中でも、男は明日の活力のために、今日を強く生き延びるために、なるべく栄養のある晩飯を探さなくてはならない。もちろん、たくさんのカネをかけるわけにはいかない。

ひとり暮らしを始めたころ、何を食えばいいのか男は迷う。

ソバ、ウドンのたぐいは安くて美味いが夜中に腹が減るだろうし、栄養価に欠ける。

肉を食べたいが高い。カツ丼もいいが野菜がなく、バランスが悪い。魚は五分で食べ終わってしまいそうだし、歯ごたえがない。

肉も野菜も入っていて、食べごたえがあって安価な食べ物は何だろう？　明日、キツイ肉体労働のバイトをしても倒れなくてすむものは……。

食堂のメニューを順に追っていった彼の目に、「ニラレバ定食７８０円」が飛び込んできた。

ひとり暮らしをするようになってこの定食を初めて食べたという男が少なくない。確かに、家庭の台所で作るにはニオイなどの問題で敬遠されそうではある。

そこで男はふたつのタイプにわかれる。決して食べやすくはなさそうだが、自分の晩飯としてさまざまな条件を満たす「ニラレバ」にチャレンジするか、しないか。

「オヤジさん、ニラレバ定食」

アイヨっと、奥から威勢のいい返事が聞こえた。オヤジさんには、この若い男がなぜ「ニラレバ定食」を頼んだのか、その理由が痛いほどよくわかっている。

オヤジさんはこんな若者のために、若く飢えた男のために、何十年も中華鍋を振りつづけてきたのだ。

腕によりをかけて作られたニラレバ炒め定食はほんとうにおいしかった。

この日、ニラレバを食べた男は「何でも食べられる男」へと成長するだろう。

男の味覚は女のそれより保守的だ。それを少しでも乗り越えようとするとき、つまり何でも食べてやろうと決めてそれを実行するとき、男はひとつのたくましさを身につける。

そして、レバを食わずに済ませてきた男ども、食に関して我がままばかりいってきた男どもを追い抜いていくのだ。

女たちよ、何でも食べる男を選べ。

そいつは少なくともひとつのたくましさを身につけている。

薄切り肉のカリカリ揚げ

「いくらでも食える。
男にはこの味が必要だ」

下手な工夫はするな。シンプルな味つけほど、肉のフライはやみつきになるのだ。そして、安い肉でいいから山盛りにすること。あとは、揚げる時に丁寧に肉を広げて大きく見せる。こういうごまかしのテクニックも大切だ。

材料 ［2人分］

	●豚肩ロース薄切り	500g
	＜つけ汁＞	
a	●酒	大さじ2
	●しょうゆ	大さじ3
	●みりん	大さじ1
	●しょうがの絞り汁	大さじ1/2
	●片栗粉	適宜
	●揚げ油（サラダ油）	適宜

作り方

①ボールにaの調味料を入れ、豚肩ロース肉を、20分つけておく。

②ペーパータオルで肉の汁気を切ったら片栗粉をまぶし、バットに1枚1枚並べておく。

③160度に熱した揚げ油に②を広げながら入れ、カリッとするまで揚げる。

ポテトコロッケ

クリームコロッケはレストランで食べるほうがうまいが、男が好きなのはじゃがいもがいっぱい入ったポテトコロッケだ。これもたくさん作っておいてかまわない。大事なのは肉を入れすぎないこと。

「じゃがいもの入ったコロッケ以外は作らなくていい！」

材料 ［2人分］

●じゃがいも	4個（約600g）
●牛ひき肉	100g
●玉ネギ	1/2個
●塩	適宜
●こしょう	適宜
●サラダ油	適宜
●溶き卵	2個
●パン粉・小麦粉	適宜
●揚げ油（サラダ油）	適宜

作り方

①じゃがいもはゆでて皮をむき、ボールに入れ熱いうちにマッシャーなどで粗めにつぶす。

②フライパンにサラダ油を入れ熱し、粗みじん切りにした玉ネギを入れ炒める。ひき肉を加え火が通ったら、塩、こしょうで軽く味をつける。

③つぶしたじゃがいもに②と塩を加えてよく混ぜ、たねを作る。

④たねが完全にさめたら8等分し俵型にまとめる。小麦粉、溶き卵、パン粉の順にころもをつけ、170度に熱した揚げ油で、きつね色になるまで揚げる。

鶏の竜田揚げ

**「フライドチキンより
竜田揚げ、
と思わせたら成功」**

しょうゆをベースにした竜田揚げのつけ汁は、覚えておくと便利だ。肉だけでなく鰯や秋刀魚など魚を揚げて食べるときにも使える。カラリと揚げるには余分な粉をしっかりとはたき落とすことである。

材料［2人分］

	●から揚げ用鶏肉	200g
	＜つけ汁＞	
a	●しょうゆ	大さじ3
	●酒	大さじ1
	●みりん	大さじ1
	●しょうがの絞り汁	小さじ1
	●片栗粉	適宜
	●揚げ油（サラダ油）	適宜

作り方

①ボールにaの調味料を入れ、鶏肉を20分くらい漬けておく。

②①の肉の汁気を切り、片栗粉をたっぷりとまぶす。余分な粉ははたいて落としておく。

③170度に熱した揚げ油で、カラリと揚げる。

肉天

天ぷらは素人がやってプロに勝てるようなものじゃない。長年の経験と技はダテじゃない。だが、肉天だけは別である。肉は水分があまりないので天ぷらの中では一番簡単なのだ。肉の天ぷらで自信をつけてから他の天ぷらへチャレンジしてみるべし。

「肉天ができないのなら天ぷら禁止！」

材料 [1人分]

	●豚モモかたまり肉	300g
	<つけ汁>	
a	●しょうゆ	大さじ1と1/2
	●砂糖	大さじ2
	●酒	大さじ1
	●しょうがのすりおろし	小さじ1
	<ころも>	
b	●溶き卵	1個
	●薄力粉	200g
	●冷水	1/2カップ
	●氷	2個
	●揚げ油（サラダ油）	適宜
	●塩	適宜

作り方

①肉は5㎜くらいの厚さに切る。aの調味料をボールに入れ、肉を入れて下味をつけたら、すぐバットに取り出しておく。

②ボールに冷水と溶き卵を入れ混ぜ、振るった薄力粉と氷を加えざっくり混ぜ、ころもを作る。

③①の汁気を切る、②のころもをつけ170度に熱した揚げ油で、カラリと揚げる。

④好みで塩をつけて食べる。

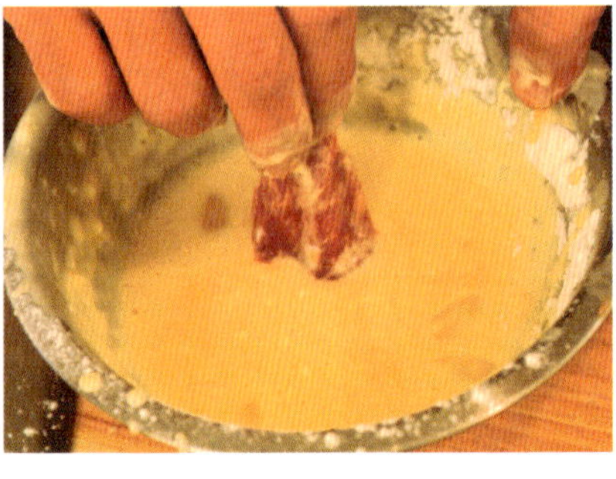

いろいろフライ

「エネルギーを使う男は、材料にかかわらずフライが好き」

肉の脂身がきらいな男でも油ものは好きなのだ。ヘルシー志向で単純に油を減らそうとするのは間違いだ。どんどん揚げろ！　しかし、一度にたくさん揚げようとすると、油の温度が下がるので気をつけろ！

材料 ［2人分］

●豚モモ肉（ひと口カツ用）	200g
●カキ	8個
●エビ（ブラックタイガー）	8尾
●さつまいも	1/2本
●かぼちゃ	1/6個
●玉ネギ	1個
●揚げ油（サラダ油）	適宜
●溶き卵	2個
●小麦粉	適宜
●パン粉	適宜
●大根おろし	適宜
●塩・こしょう	適宜

作り方

①エビは洗って尻尾を残し皮をむき、背わたをとる。

②カキは大根おろしでもんでから水で洗い流し、ざるにのせ水気をよく切っておく。

③さつまいもは5㎜厚の輪切り、かぼちゃも5㎜厚の薄切りにする。玉ネギは半月型に切り、串に刺しておく。

④豚肉は、塩とこしょうを両面にふっておく。

⑤豚肉とエビ、カキ、野菜は小麦粉、卵、パン粉の順にころもをつけ、170度に熱した揚げ油で、きつね色になるまで揚げる。

普通のコロッケ礼賛

うまいなあ、コロッケは。

コロッケは山盛りに詰まれたアツアツのヤツに限る。

タネはもちろん、挽き肉とジャガイモだ。そのコロッケを10個以上山にして、食いたいやつが遠慮せずに手づかみで取っていく。

はふっ、とほお張るとたまにジャガイモのつぶれきっていない、固まったところにぶち当たる。料理する側は、ジャガイモをまんべんなくつぶしたつもりなんだろうけど、食べるほうはなぜか、そのかたまりにあたったことが嬉しい。子供の頃、コロッケの中のかたまりにあたると、なぜかおふくろが自分の味方になったような気がした。

なぜだろう?

挽き肉とジャガイモのコロッケはアツアツもいいけれど、冷めてもやっぱりうまい。

作りすぎて残ってしまったコロッケが冷蔵庫にあると夜中に行ってつまむのがまた楽しかった。左手にコロッケを持って、右手のトンカツソースを少しずつかけながら食べる。ひと口食べたら、コロッケを縦にして、噛みついた歯形の上にタラ～っとソースをたらす。こぼさないようにするにはコツがいるけど、子供はすぐマスターする。

「立ったまま食うな!」と、おふくろに怒鳴られるとコロッケがノドに詰まる。もし、それで人が死ぬのなら私は子供の頃、軽く30回は死んでいる。

大人になってからは5回ほど。

大量のコロッケの場合、それでもまだ残る。すると、パンにはさんで食べるのだが、もちろんこれがまたうまい!

よく焼いたトーストパンの上に冷えたコロッケを置き、ソースをかけたら、もう1枚のパンを重ねるが、ただはさんで食べるわけじゃない。はさんだら押す!　子供の頃の私は、全体重をかけて押していた。コロッケがパンの横からはみ出るギリギリまで押す。

「下品な食べ方をするな!」と親父にも怒鳴られたが、でも絶対にこのほうがうまいのだ。私は今でも押している。とにかく、ジャガイモと挽き肉のコロッケは熱くても冷えてても、押してもうまい。

だが、他のコロッケはどうだ?

冷えたカニクリームコロッケは押したらマズイ。だから、私は声を大にして言いたい。

家庭ではジャガイモのコロッケ以外は作るな。カニクリームコロッケが食いたかったら、レストランに行け、と。

オムライス

「大人のオムライスは卵に味をつけない」

卵に味をつけて失敗する例が多い。それよりは卵に味をつけずに、ご飯にケチャップを多目に味付けを濃くしたほうがうまい。そして仕上げに冷やしたトマトを上にかける。これが今までにないおいしさを作り出すのだ。

材料 ［1人分］

●冷やご飯	ご飯茶碗2杯分
●ハム	2枚
●マッシュルーム	3個
●玉ネギ	1/4個
●ピーマン	1個
●溶き卵	2個
●トマトケチャップ	大さじ4
●塩・こしょう	適宜
●トマト	1個
●サラダ油	適宜

作り方

①トマトはへたを取り、2cm角に切り、トマトケチャップ大さじ1と合わせ冷蔵庫であらかじめ冷やしておく。

②フライパンにサラダ油を入れ熱し、角切りにしたハム、薄切りにした玉ネギ、マッシュルーム、ピーマンを入れ中火で炒める。

③野菜に火が通ったら冷やご飯を入れて木べらで炒め、ご飯がほぐれたら塩・こしょう、ケチャップで味を整える。

④別のフライパンにサラダ油を入れ熱し、溶き卵を入れ、卵焼きを作る。

⑤皿に③のケチャップライスを盛り、卵焼きをふたのようにかぶせて包み込む。

⑥①のソースを上からかける。

焼きそば

独身男にとって最もなじみがあるのは、カップ焼きそばと露店の味か。差をつけたいなら、ラードを使ってふんわりと仕上げたい。ソースやしょうゆを入れすぎるとベタつくから、少しずつ入れるべきだ。

「ラードは焼きそばを
ふんわり仕上げる
強い味方」

材料 ［2人分］

●中華麺	2束
●豚こま切れ肉	50g
●キャベツ	1/4個
●ラード	大さじ2
●ウスターソース	大さじ2
●しょうゆ	小さじ1
●塩	小さじ1
●水	50cc
●こしょう	適宜
●うま味調味料	適宜
●紅しょうが	適宜
●青のり	適宜

作り方

①キャベツは1cm幅の細切りにする。

②よく熱した中華鍋にラードを入れ、豚こま切れ肉を入れ強火で炒めたら、次にキャベツを入れ炒める。

③②に麺と水を加え、麺をほぐしながら炒める。

④塩、こしょう、うま味調味料を加え炒め、しょうゆとウスターソースで味を整える。

⑤皿に盛りつけて紅しょうが、青のりをのせる。

スパゲティ4種

アンチョビとキャベツのスパゲティ
ベーコンと野菜のスパゲティ

あさりとバジルの和風スパゲティ
スパゲティカルボナーラ

「味見はちょっとじゃわからん。ほおばってしろ!」

アンチョビとキャベツのスパゲティ

材料
［2人分］

●スパゲティ	200g
●ニンニク	1かけ
●オリーブオイル	大さじ2
●アンチョビ	1枚
●キャベツ	1/2個
●塩	大さじ1/2
●こしょう	適宜
●うま味調味料	適宜

作り方

①大きめの鍋に湯を沸かし、大さじ1の塩（分量外）を入れ、スパゲティを固めにゆでる。
②フライパンにオリーブオイル、ニンニクのみじん切りを入れ弱火にかけ、ニンニクの香りがしてきたら、細かく刻んだアンチョビとザク切りのキャベツを入れ中火で炒める。
③②にゆで上がったスパゲティを入れ、塩、こしょう、うま味調味料を加えてさっと炒める。

最後に垂らしかけるしょうゆの微妙なバランスで味も変わる。その加減に正解があるわけではないが、ドバドバかけて味を濃くしすぎたらダメ。最後にひと味加えることが気配りに感じられるような、ちょうどいい感じが理想である。

ベーコンと野菜のスパゲティ

●スパゲティ　200g
●オリーブオイル　大さじ2
●ベーコン　4枚
●ピーマン　2個
●マッシュルームの缶詰　(小)1/2缶
●玉ネギ　1/3個
●塩　大さじ1/2
●こしょう　適宜
●うま味調味料　適宜
●しょうゆ　大さじ1と1/2

①大きめの鍋に湯を沸かし、大さじ1の塩(分量外)を入れ、スパゲティを固めにゆでる。玉ネギとピーマン、マッシュルームは薄切りに、ベーコンは1枚を6等分に切る。
②フライパンにオリーブオイルを入れ熱し、ベーコン、玉ネギ、ピーマン、マッシュルームを入れ炒める。
③②にゆで上がったスパゲティを入れ、塩、こしょう、うま味調味料を加えて炒める。
④鍋肌からしょうゆをできる寸前に回し入れさっと炒め、味を整える。

あさりとバジルの和風スパゲティ

●スパゲティ　200g
●ニンニク　1かけ
●オリーブオイル　大さじ2
●あさりの缶詰　1缶
●バジル　5枚
●玉ネギ　1/2個
●塩　大さじ1/2
●こしょう　適宜
●うま味調味料　適宜
●しょうゆ　大さじ1と1/2

①大きめの鍋に湯を沸かし、大さじ1の塩(分量外)を入れ、スパゲティを固めにゆでる。あさりは缶から取り出し水気を切っておく。
②フライパンにオリーブオイルを入れ熱し、ニンニクのみじん切りを弱火にかけ、香りがしてきたら薄切りにした玉ネギを入れ炒める。
③ゆで上がったスパゲティ、あさりを入れ、塩、こしょう、うま味調味料を加えて炒める。
④細切りにしたバジルを加えさっと混ぜ合わせたら、鍋肌からしょうゆを回し入れ、さっとからめ味を整える。

スパゲティカルボナーラ

●スパゲティ　200g
●ニンニク　1かけ
●オリーブオイル　大さじ2
●ベーコン　5枚
●卵黄　2個分
●塩　適宜
●黒こしょう　小さじ1
●パルメザンチーズ　適宜

①大きめの鍋に湯を沸かし、大さじ1の塩(分量外)を入れ、スパゲティを固めにゆでる。
②フライパンにオリーブオイル、ニンニクのみじん切りを入れ弱火にかけ、ニンニクの香りがしてきたら、細切りにしたベーコンを入れカリカリになるまで中火で炒める。
③ゆで上がったスパゲティを加え炒め、塩をふる。
④溶いた卵黄を加えさっとひと混ぜしたらすぐ火を止める。
⑤皿に盛り、黒こしょうとパルメザンチーズで味を整える。

女の世話になっておきながら

その❶

皆様の御指摘の通り、私は若い頃に仕事もせずに、いろんな女の世話にばかりなっておりました。まことに申し訳ございません。料理を作っては千円もらい、風呂を洗ってわかして五百円。ダメな、ほんとうにダメな男でございました。

こんな男に女性たちはほんとうに優しく接してくださいました。

しかし……、一寸の虫にも五分の魂、盗っ人にも三分の理、世話になっておきながら、こんなことを言い出すのは図々しいかぎりですが、私にもがっかりすることが多々あったのでございます。

このことに関しては、一生口を閉じておこうと思ったのですが、この本を読んでくださる女性のためにだけ、その秘密をお話しすることにします。私の罪深き行いをお許しください。ですが、これは男と暮らそうとする女性のためになることなのです。ご参考になればこれ幸い。

まずは冷蔵庫のこと。

しょうゆを冷蔵庫に入れる女！　クサるのか、しょうゆ？　しょうゆはにおいがきついから冷蔵庫の中を回るんだ。かくしてしょうゆ風味のショートケーキができあがる。誰が食うんだ、それ!?

しょうゆ入れてる女の冷蔵庫では、絶対ケチャップの汁が縁に垂れていて、赤黒く固まっている。マスタードの黄色い固まりが混じると最悪。2年前に使った、「90年代＝20世紀の固形スープ」もどっかにあるはずだ。

野菜室に芽の出たジャガイモや、ちょっと透明でゲル状になったレタスが入っていたら、もうおしまいだ。

しかし、汚いということは冷蔵庫を使った結果だ。使いもしないできれいだとイバるんじゃない。ほとんど使いもしないのに、汚れてる冷蔵庫がある？　何を入れてるんだ、不気味だ。

ああ、言い出したら止まらなくなってきた。

じゃがいものチーズ焼き

「チーズが焦げるまで焼く。焦りは禁物」

香ばしさとシャキシャキしたじゃがいもの食感が大事だ。子供っぽい料理のようでいて大人も夢中になれる不思議な味。

材料 ［2人分］

●ピザ用ミックスチーズ	150g
●じゃがいも	4個
●ハム	2枚
●塩	適宜
●バター	適宜

作り方

①グラタン皿にバターを塗っておく。

②ハムは食べやすい大きさに切る。じゃがいもは千切りにし、水にさらす。3分さらしたらざるに上げて水気をしっかり切り、塩少々をふる。

③グラタン皿にじゃがいもを入れ、ハムをのせる。その上にチーズをたっぷりのせる。250度のオーブンでチーズに焦げ目がつくまで焼く。

ホットドッグ

「男っぽいホットドッグを作れる女は、ピンチに強そうだ」

レタスはしんなりしてしまうのでキャベツに限る。やりすぎ、と思うぐらいキャベツを入れるべきなのだ。豪快に作れば、野外でも思いきりほおばりたくなる。その楽しさを味わいたいのだ。

材料 ［2人分］

●ホットドッグ用パン	2本
●ウィンナー	4本
●キャベツ	3枚
●塩	適宜
●こしょう	適宜
●サラダ油	適宜
●イエローマスタード	適宜
●トマトケチャップ	適宜
●バター	適宜

作り方

①パンに切れ目を入れ、バターを塗っておく。

②フライパンにサラダ油を入れ熱し、ウィンナーを炒める。

③キャベツは太めの千切りにし、フライパンで軽く炒め塩、こしょうで味を整える

④パンにキャベツとウィンナーをはさみ、ひとつひとつアルミホイルで包み、オーブントースターで3分焼いてからマスタードとケチャップで仕上げる。

パンいろいろ

ガーリックトースト
バゲットサンド／ハムサンド

「男はフランスパンが好き、フランスが好き!?」

フランスパンの噛みごたえを愛せるようになったら大人だ。いや、子供でも好きか？　手早く作ってハイと無造作に差し出してみよ。私はサンドイッチに野菜は入れない。とくにトマトは水っぽくなっていかん。

ガーリックトースト	バゲットサンド	ハムサンド

材料

［1人分］

ガーリックトースト	バゲットサンド	ハムサンド
●フランスパン　1/4本	●フランスパン（細めのもの）　1/2本	●食パン（8枚切り）　4枚
●市販のガーリックバター　適宜	●ロースハム　4枚	●ロースハム　4枚
	●バター　適宜	●バター　適宜
	●マスタード　適宜	●マスタード　適宜

作り方

ガーリックトースト	バゲットサンド	ハムサンド
①フランスパンは7cm幅に切り、表面に十字の切れ目を入れ、ガーリックバターを塗る。	①バゲットを半分に切り、縦に切れ目を入れ、バターとマスタードを塗る。	①パンの片面にバターを塗る。対になる片面には、マスタードも塗っておく。
②オーブントースターで、ガーリックバターが溶けるまで焼く。	②ハムをはさむ。	②ハムを2枚重ねてはさむ。
		③パンの耳を落とし、好きな形にカットする。

女の世話になっておきながら

その2

冷蔵庫はキリがないから洗面所に移動。

まず、洗濯機の中で生乾きのまま、何日も縁にへばりついている洗濯物を何とかしなさい。ソックリ返った歯ブラシをいつまでも使ってる女、今すぐやめろ。それをワンカップ大関に差しておくのもやめなさい。いまどき、そんな女いないか？

玄関でもがっかりすることはある。一人で住んでるのに、なんであんなにたくさんの靴が三和土《たたき》にあるんだ？ 今、この家に何人遊びに来てるんだ？　それとも新興宗教の集会か、教祖はどいつだ？

ファーストフードの店に行って、使いもしない紙ナプキンを死ぬほど持ってくるな。どうせ、タダだからといっても、すぐ捨てるくせに。こういう女は、物をこぼしたときにティッシュを大量に使いまくって拭くんだ。ただのティッシュだからいいかげんに使うという無神経さに腹が立つ。

あと、コトが終わって人が気持ち良く寝てるのに、よく冷えた缶ビールや缶コーヒーを首筋にくっつけて眠りを覚ますな！　こういうときはたいていオチャメな笑顔をしてみせるが、こっちは笑えない。

朝起きたらやたら寝覚めがよくて、自分が気持ちいいからといって冬なのに窓を全開にして空気を入れ替えるな。おまえの出身地に比べれば東京の冬なんて甘っちょろいだろうが、俺にはじゅうぶん寒いの！

それから不穏な雰囲気がするので目をやると、必死でヨガのポーズをやっている女もいた。やめて下さい、怖いから。

逆に目覚めが悪すぎてどうやっても起きない女っていうのもいる。どんなに揺すろうがくすぐろうが、少し反応しただけで死体のように動かない。

……大竹はどんな女とつき合ってきたんだとお笑いでしょうが、実際にあった話、なかった話を取り混ぜて、男達が感じていることを率直に書いてしまいました。

心当たりのない方は、笑ってお読み飛ばしください。

植込みの
らないで下
「衣服が汚

キャベツとベーコンのスープ

「いたって簡単だが、
男はすごいと感じるスープ」

このスープをレストランではなく、家庭で飲んだという男は少ないはずだ。ちゃんと煮込めばキャベツの甘さも出るし、なかなかの味。しかも簡単だからいいじゃないか。あとは、他の料理との組み合わせさえ考えればいい。

材料［2人分］

●キャベツ	1個
●ベーコン	8枚
●コンソメキューブ	2個
●水	3カップ

作り方

①キャベツは4つ割りに、ベーコンは半分に切る。

②鍋にキャベツを入れ、葉の間にベーコンをはさむ。

③水とコンソメキューブを入れて火にかけ沸騰してきたら弱火にし、ふたをしてキャベツが柔らかくなるまで20〜30分コトコト煮込む。

豚汁《とんじる》

「豚汁上手に悪い女はいない
かもしれない」

寒い季節に豚汁を出されると無条件で嬉しいものだ。そんなことをしてくれる女が冷たい心の持ち主であるわけがない。油抜きがあったり、下ゆでがあったりと少々手間がかかるが、味は徐々に調整できるからそんなに失敗はない。

材料［2人分］

●里芋	2個
●大根	1/3本
●にんじん（小）	1本
●ごぼう	1本
●豚こま切れ肉	100g
●こんにゃく	1枚
●油揚げ	1/2枚
●万能ネギ（あさつき）	5本
●みそ	70g
●だし汁	4カップ
●だし醤油	小さじ2
●七味とうがらし	適宜

作り方

①大根、にんじんはいちょう切りに、こんにゃくは下ゆでして手で食べやすい大きさにちぎる。油揚げは熱湯をかけて油抜きをし、細切りにする。

②里芋は皮をむき3等分にし、下ゆでする。ごぼうも皮をむき乱切りにし、下ゆでする。

③鍋にだし汁を入れ、①②の材料を全て入れる。

④あくを取り、大根、にんじんに火が通ったらみそとだし醤油を加える。

⑤器に盛り、輪切りにした万能ネギを散らし好みで七味とうがらしをふる。

牛スジとごぼうの甘辛煮

「安い牛スジで
たくさん作り置きしておけば
家庭的だと思ってくれる」

牛スジは安い。安い食材でうまいものを作る女がいい女房になれると男は信じている。もちろん、世の中はそう簡単ではないのだが、そう信じたがる男の気持ちを利用しよう。タッパーに保存していつでも食べられるようにしておくとポイント高し。

材料［2人分］

- ●牛スジ肉　300g
- ●ごぼう　100g
- ●しょうが　1かけ
- ●しょうゆ　大さじ5
- ●砂糖　大さじ6
- ●酒　1カップ

作り方

①しょうがとごぼうは、皮をむき千切りにする。ごぼうは、酢水に10分つけ、あくを取る。

②牛スジは食べやすい大きさに切る。牛スジとかぶるくらいの水を入れた耐熱容器にラップをし、レンジ強で8〜10分加熱し、ざるに上げておく。

③鍋に酒、砂糖、しょうゆを入れて煮立て、②の牛スジと水気を切ったごぼうを入れ煮る。

④しょうがを加えたら、落としぶたをして汁気がなくなるまで弱火で肉が柔らかくなるまで煮る。

あじのしょうが煮

「しょうがの量に迷ったら
つねに多めで」

しょうがを使う料理の場合、男はその量が多くても気にならない。というより、多めのほうが味がしまっておいしいと感じるようにできている。私は細い千切りにして使う。また、好みだがあじの身を固めにするとうまい。みりんが多いと身が固めになる。

材料 [2人分]

●あじ	10尾
●しょうが	1かけ
●だし汁	500cc
●しょうゆ	大さじ3
●みりん	大さじ1と1/2
●酒	大さじ1と1/2
●砂糖	大さじ1
●酢	大さじ1/2

作り方

①あじはワタとエラを取り水で洗う。しょうがは皮をむき千切りにする。

②鍋にだし汁、しょうゆ、酒、砂糖、みりん、酢を入れ火にかけ、ひと煮立ちさせる。

③②にしょうがの千切りとあじを入れて落としぶたをして、10分煮る。

里芋のそぼろ煮

「里芋には
おふくろっぽさが漂う」

里芋はいまや居酒屋、小料理屋でしか食べないという若い男も多くなった。さりげなくこんな一品が出てくると、驚いてもらえる。素朴な感じの里芋だが、ぬめりはちゃんと取ること。これで上品な味わいとなる。

材料 ［2人分］

●里芋	8個
●鶏ひき肉	100g
●しょうがの絞り汁	小さじ1
●しょうゆ	大さじ3
●砂糖	大さじ3
●酒	大さじ1
●だし汁	2カップ
●塩	ひとつまみ
●酢	適宜

作り方

①フライパンに油を入れ熱し、ひき肉を色が変わるまで炒めたら、しょうがの絞り汁を加えてひと混ぜし、火を止める。

②別の鍋に皮をむいた里芋とひたひたになるくらいの水を入れ、お酢を入れ5分煮たら、水にとってぬめりをよく取りざるに上げておく。

③鍋に里芋を入れ、里芋がかぶるくらいのだし汁と、砂糖、酒、塩、①を入れ火にかけ、落としぶたをして柔らかくなるまで15分煮る。

人は郷愁という味を食べる

人にとって「おいしい物」とは何だろう。

これまで食べたことのない新鮮な味覚に「うまい！」と感じることもあるだろう。だが、自らの郷愁をかきたてられたとき、もっと強く感じるのではないだろうか。

昔、ビートきよしさんと仕事をしたときに、きよしさんが撮影の合間に大量の駄菓子を買ってきて、皆に食べろ食べろと勧めていた。ピラピラのソースせんべい、黒砂糖の固まりのようなパン、薄気味悪いゼリーなど。若いタレントは愛想笑いを浮かべるばかりで、口にしようとはしなかったが、同世代の私はとても懐かしく、そして美味しくいただいた。もちろん、子供の頃のほうがおいしかったけれど。

子供の頃の味覚は忘れられない。夏休みになると私の一家は、山梨の親戚の家に遊びにいった。近くの川で泳いだり、山に入ってクワガタをとったり。昼のおやつは祖母のふかした大量のサツマイモ、次の日は山盛りのトウモロコシ、別の日にはスイカという具合だった。テーブルの上におかれたそれぞれの食べ物は、あっという間に無くなったが、すぐに別の山盛りのカゴを祖母が置くのだった。

素朴な食べ物ばかりだったが、それらがどれだけ食べてもなくならない、その不思議さに私は深く感動した。

そして、私はいまでもトウモロコシは食べる子供の人数に関係なく、カゴいっぱいゆでることにしている。そのほうが絶対にうまいからだ。

人はそれぞれ生い立ちが違う。それぞれの育った環境の中に、それぞれのおいしい物が宝石のようにちりばめられている。

パイナップルは缶詰めのほうがうまいと主張してはばからない男。ホットドッグは歩きながら食べなくちゃダメ、もちは一度ノドに詰まらせたいという奴。盗んだトマトは麦畑でしゃがんで食うのが一番うまいと友人が言ったとき、私は泣いた。

この本を作ろうとしたとき、昔は何を食べたか、誰と食べたか、どんな風に盛られていたかをまず考えた。

できあがったものは、どれもみなシンプルなものばかりだ。「子供は複雑な味がわからない」。確かにそうだ。だが、素朴で郷愁をかきたてられる食べ物こそが心をつかむのだ。

警視庁渋谷警察署恵比寿南
ニュース

ゆで豚

「ゆでただけ料理は、女の隠し球だ」

よく料理本には「豚のしゃぶしゃぶ風サラダ」のレシピが載っているが、あれはどちらかといえば女受けのするメニュー。男はこんな感じのゆで豚を喜ぶ。見た目が豪華で、こんなに簡単なレシピとは思わずに喜ぶはずだ。

材料［2人分］

●豚ひれ肉ブロック	500g
●ベーコン	5枚
●しょうが	1かけ
●長ネギ	1/4本
●酒	150cc
●塩	大さじ2
●塩、こしょう	適宜
●キャベツ	1/2個

作り方

①豚ひれ肉は、軽く塩、こしょうする。キャベツは洗って、食べやすい大きさに手でちぎっておく。

②鍋に、酒、ぶつ切りにした長ネギ、5cmに切ったベーコン、塩、しょうがの薄切りを入れ火にかけ、沸騰する前に①の豚ひれ肉を入れる。あくを取りながら中に火が通るまで中火で40～50分煮る。

③そのまま置いて冷まし、食べやすい大きさに切る。

④キャベツ、ベーコンと一緒に皿に盛り、コチジャン（作り方p016）をつけて食べる。

小あじの南蛮漬け

「頭を残したら怒れ。
それでも残す男とは別れろ」

ゆっくり揚げさえすれば骨もバリバリ食えるのである。食えるのにまだ残す男にはわがままさと甘えが残っている。魚料理を食べさせてみて、どんな男か知るというのもいい手だ。もちろん、食えないような味では困るが。

材料［2人分］

	●小あじ	12尾
	●長ネギ	1本
	●しょうが	1かけ
	●片栗粉	適宜
	●揚げ油（サラダ油）	適宜
	<つけ汁>	
a	●酢	1と1/2カップ
	●しょうゆ	大さじ1と1/2
	●だし醤油	小さじ2
	●赤とうがらし	2本

作り方

①小あじのワタとエラは取り水で洗い、ざるに上げ水気をよく切っておく。長ネギの白い部分は、4cmくらいのぶつ切りにする。

②器にaの調味料を入れつけ汁を作り、①の長ネギと赤とうがらしをつけておく。

③小あじの水気をキッチンペーパーなどでよく拭き取り、魚のおなかの中まで片栗粉を均一にまぶす。

④170度に熱した揚げ油で小あじに骨まで完全に火が通るようにゆっくり揚げる。最後は強火にするのがポイント。

⑤小あじが揚がったら油を切り、②に入れ1時間つけ込む。

なすの油炒め

「必ずあったかいうちに
食わせなさい」

味付けはしょうゆとしょうがのみである。不安になるだろうが、一度、これだけで食べてみて欲しい。冷めていなければ十分おいしいのだ。なすは油を吸うので、油は多めに使う。

材料 ［2人分］

●なす	4個
●しょうゆ	大さじ2
●万能ネギ（あさつき）	6本
●サラダ油	大さじ3
●おろししょうが	適宜

作り方

①なすはへたをとり、薄切りにし、水にさらす。
②フライパンに油を入れ熱し、水気をよく切ったなすを炒める。
③両面に焼き目がついたら、しょうゆを回し入れ、ふたをし、すぐ火を止める。
④皿に盛り、小口切りにした万能ネギを散らし、おろししょうがをのせる。

じゃがいもとセロリの炒め物

「シャキシャキッ、にこだわれ」

男も女もシャキシャキした食感が好きだが、男にその傾向が強いのは、その性格、行動においてもシャキシャキしたい、と考えているからだ。逆にいえば、男のほうが心の底にネチネチとしたものを抱えているせいか。とにかく、シャキシャキ。

材料 ［2人分］

●じゃがいも	2個
●セロリ	1本
●塩	適宜
●こしょう	適宜
●うま味調味料	適宜
●サラダ油	大さじ1
●バター	5g

作り方

①フライパンにサラダ油とバターを入れ熱し、バターが溶けてきたら千切りにしたじゃがいもを入れて強火で炒める。

②じゃがいもが透き通ってきたら、千切りにしたセロリを加え炒め合わせ、塩、こしょう、うま味調味料で味を整える。

男たちは、料理に何を求めているのだろう？

「コイツと結婚するかもしれない」と思った相手、つまりこれから三、四十年も共に過ごす相手に「美食」を求めるのだろうか？

今日はおいしいシチュー、明日は手の込んだカニクリームコロッケ、次の日は目先を変えてあじのチーズ焼き……。毎日、こんなものが出てきたら私は妻に殺意を抱くだろう。かといって、レトルト食品や冷凍食品の類だけを出されたら、これは逆に妻の殺意だ。

共に働き、子を産み、育てれば女性の負担が増えるのはわかりきっている。男も料理を手伝うべきだし、家事の役割分担をすべきだ。男もそう覚悟しなくてはならないが、もっと大事な覚悟は家を守ろうとする意志だ。両の手で家族を支えきろうとする力だ。

そんな覚悟がある男に、あたたかいみそ汁とご飯、上手に焼けた魚と少しの煮物。それぐらい作ってもバチは当たるまい。それだけのものを食べさせておけば、男は馬車馬のように働く……はずだ。

そう、男たちは決して多くを望んでいるわけではない。弱ったときには優しくいたわってくれ、元気なときにはあたたかいご飯とおいしいみそ汁を簡単に作ってくれる女。そんな女がいたらなあと思っているだけなのだ。

まず、あたたかいご飯だ。どう作るのか？

これは研げば研ぐほどうまくなる。最近は研ぎすぎると栄養が逃げ出すからと、控えめに研ぐ場合もあるようだが、まずおいしくなくては話にならない。ふだん自分が研いだ回数に、さらに四、五回プラスしてみてくれ。いつもより、ふわっと炊き上がるだろう。

そして、みそ汁だ。

まあ、男の母親と同じなら完璧なのだが事前調査するわけにもいかない。そこで、まず守りたいのが、みそを変えないこと。白みそから赤みそへ、合わせみそへと浮気はせず、一種類のみそに決めたらそれを変えない。

次にいつも同じ味にすること。だしをコブとかつおに決めたらそれを変えない。そして、肉体労働系の男は濃い味にせよ。

ふたりで食べるときはみそ汁四人前が標準。おいしければ必ずお代わりをするから、多めに作っておくこと。

そして、小口に切ったあさつきを忘れてはいけない。

みそ汁は単純なだけに実は難しい。だが、立て続けに十回も作れば味は決まってくる。

あじの開きを焼くのだってそうだ。十回焼けば誰でも焼き加減がわかる。

男のシンプルな望みに応えてあげるために何事も十回ぐらいは練習すべきである。

ピータン豆腐

「白髪ネギをたくさん＝愛情もたくさん、と勘違いさせろ」

たれは自分なりに工夫するのもいいが、あまり複雑な味にしないこと。ピータン自身がクセの強い食材だからだ。あとはとにかくネギをたくさん。ピータンが見えなくなるぐらい、上にかけてもいい。

材料 [2人分]

●豆腐　1/2丁
●ピータン　1個
●長ネギ　1/4本分
＜たれ＞
a
●ラー油　小さじ1
●ごま油　大さじ1
●しょうゆ　大さじ3
●砂糖　適宜
●こしょう　適宜

作り方

①ボールにaの調味料を入れ、たれを作る。
②ピータンは殻を取り除き、角切りにし、①のたれと混ぜ合わせる。
③皿に盛った豆腐の上に②をのせ、上から長ネギを開いて千切りにした白髪ネギをたっぷりのせる。

中トロとネギの串焼き

「鳥の代わりに中トロを刺せば、
酒呑み男の心をくすぐる」

ネギと中トロを串に刺す時には隙間があると串が焼け落ちる。思いきり密着させろ。もちろん中トロは生で食べられるものを使って、焼き色をつけるだけでよし。焼きすぎない。

材料 [2人分]

●中トロ	1/2さく
●長ネギ	1本
＜たれ＞	
a ●だし醤油	大さじ3
a ●しょうがの絞り汁	小さじ1
●七味とうがらし	

作り方

①長ネギの白い部分を3cmの長さに切る。中トロはネギ幅くらいに切る。

②ボールにaの調味料を入れ、たれを作る。

③中トロと長ネギを交互に串に刺す。

④②のたれを刷毛で塗りながら、焼き網で両面をさっと焼く。好みで七味とうがらしをつけて食べる。

JJ風サラダ

「もんだサラダが絶対うまい!」

野菜の水を切らないで出されるとシラける。水はしっかり切って、シャキッとした感じを出す。その後、野菜に味がなじむようにとにかくもむ。これはとある焼き肉屋のサラダが手本。レストランでもまずに出されるサラダは、量を多く見せるためのような気がする。サラダも料理だ、気を抜くな。

材料 [2人分]

	●レタス	1/2個
	●サラダ菜	1/2把
	●きゅうり	1本
	＜ドレッシング＞	
a	●ごま油	大さじ5
	●しょうゆ	大さじ1
	●ガラスープの素	大さじ1
	●うま味調味料	適宜
	●砂糖	小さじ1/2
	●おろしニンニク	小さじ1

作り方

①レタスとサラダ菜はよく洗い水を切り、食べやすい大きさに切る。

②きゅうりは薄切りにしたら水にさらし、ざるに上げよく水気を切っておく。

③aの調味料をボールに入れ混ぜ合わせ、ドレッシングを作る。

④③にサラダ菜、レタス、きゅうりを入れさっと混ぜ、手でもんで味をなじませる。

トマトサラダ

「トマトを手でつぶすだけでおいしくなる」

トマトはつぶしながら和えたほうがうまいのだ。作り方が想像できないような難しい料理に、人は意外に驚かない。シンプルなものの、ちょっとした違いに驚いてくれるし、そういうことに興味を持つ人間が面白い。このサラダはオスマン・サンコンに習った。

材料 [2人分]

●トマト	3個
●玉ネギ	1/2個
●ピーマン	1個
●バジル	1枚
●オリーブオイル	大さじ3
●レモン汁	大さじ1
●塩	小さじ1
●こしょう	適宜

作り方

①玉ネギは、薄切りにし水にさらす。トマトはへたを取りひと口大に切る。

②ピーマンは輪切り、バジルはザク切りにする。

③ボールにレモン汁、塩を入れ、オリーブオイルを少しずつ入れながらよくかき混ぜ、こしょうで味を整える。

④玉ネギとバジル、トマトを③のボールに入れトマトは手でつぶしながら和える。

コショウは危険な調味料

コショウをたくさん使う奴はバカだ!

……いや、言い過ぎました。スイマセン。

しかし、これは言える。食べるときにたくさん入れる奴、料理に多用する奴に味オンチが多い。コショウは少し入れるだけで味が変わり、それが度を越すと料理全体がコショウに侵されてしまう。

物足りない。そう思う気持ちがコショウを使わせてしまう。味が変わったことで料理が完成した気になってしまう。つい頼ってしまうと全てのバランスが崩れる危険な調味料なのだ。

日本料理にコショウを多用するだろうか。行きつけの寿司屋の親父は「置いてはあるがほとんど使わない」と言っていた。繊細さを求める和食にコショウは不向きだ。

もともとコショウは肉類の臭みを消すために西洋人が大量に使用するだけで、味を引きだす調味料ではないと私は考える。今回、私が作った料理のレシピに「コショウ適宜」と書いてあるものは、ほんとうに少ししか使ってはならない。ちゃんとコショウを使ったのはフライ、トンカツ、カルボナーラ、ハンバーグぐらいだ。

女性に試してほしいのは、男に料理を作るときあえてコショウを使わず、テーブルの上に一瓶置いてみること。男がやおら取り上げ、大量にぶっかけたら「ああ、この人の舌は……」と思えばよい。そういう男に繊細な料理を作っても豚に真珠、骨折り損である。

コショウを使うことより大切なのは塩、しょうゆ、砂糖の加減だ。塩は入れ過ぎないようにすればいいだけのことだが、砂糖としょうゆは、たれにかくし味として微妙な変化をもたらす。とくにしょうゆ。

私はステーキなど肉類でもしょうゆで食べるのが一番うまいと思っている。

これからは「しょうゆ使いのうまい女が世界を制する」というのが私の予想である。

たとえばチャーハンの仕上げに小さじ半分ほど回し（かけ）てみる。

また鯛茶漬けに目薬ほどでもたらしてみる。そんなちょっとした使い方が大人の男と女を泣かせる。

しょうゆは幸せと不幸せの間にある調味料なのだ。

焼くだけ5品

「火が通れば料理だ。うまければいい！」

焼いただけのものを人前に出すなんて、と思うのは間違い。レシピが複雑だろうが簡単だろうが問題は味なのだ。焼いただけのものに失敗はほとんどない。素材だけを提出しているのだから、味付けも自由。人類最古の調理法に誇りを持て。皿にあまりきれいに盛りつけないこと。私は気どった盛りつけに腹が立つ時がある。

材料 [2人分]

●油揚げ	1枚
●厚揚げ	1枚
●さつま揚げ	3個
●たらこ	2腹
●赤ウィンナー	6本
●おろししょうが	適宜
●しょうゆ	適宜
●サラダ油	適宜
●塩・こしょう	適宜

作り方

①油揚げは、熱湯をかけて油抜きし、3等分に切る。厚揚げも3等分に切る。

②焼き網を熱し、油揚げ、厚揚げ、さつま揚げ、たらこをのせ、両面に軽く焦げ目がつくまで焼く。

③フライパンにサラダ油を入れ熱し、赤ウィンナーを炒め、塩、こしょうで味を整える。

④油揚げ、厚揚げ、さつま揚げはしょうがじょうゆで食べる。

お茶漬け2種

鯛茶漬け／昆布茶漬け

「鯛茶がうまけりゃ男は離れない」

だし汁は熱く！　他の茶漬けなら例外もあるだろうが鯛茶漬けは熱くなければ意味がない。夜中の男の胃袋を捕まえたら、一度離れてもまたあなたのもとに戻ってくること間違いなし。

鯛茶漬け｜昆布茶漬け

材料

［1人分］

●ご飯	どんぶり1杯分
●鯛の刺身	6切れ
●だし汁	1カップ
●白ごま	適宜
●もみのり	適宜
●わさび	小さじ1/2
●三つ葉	1束

＜つけだれ＞

a	●しょうゆ	大さじ2
	●みりん	大さじ1
	●酒	大さじ1/2
	●だし醤油	小さじ1

［1人分］

●ご飯	どんぶり1杯分
●塩昆布	適宜
●梅干し	1個
●白ごま	適宜
●緑茶	1カップ

作り方

①鯛の刺身は、aの調味料をあわせたつけだれに1時間つけておく。

②どんぶりにあたたかいご飯を盛り、①の刺身、白ごまをふり、三つ葉をのせる。熱いだし汁を注ぎ、わさびをのせ、もみのりを散らす。

①どんぶりにあたたかいご飯を盛り、梅干し、塩昆布、白ごまをのせ、熱い緑茶を注ぐ。

いつでもトマト

「1時間冷やしておいたの。
このセリフが
何倍もおいしくする」

これはおやつではない。あたたかいものと一緒に食べるのだ。この意外性。そして、「冷やしておいたのよ」と言えば、男は愛情のあらわれだと勘違いする。手間いらずで最大限の効果を上げよう。

材料 ［2人分］

- ●トマト　2個
- ●砂糖　たっぷり

作り方

①トマトは、へたを取り8mm幅くらいの輪切りにする。
②上からたっぷりの砂糖をかけ、砂糖がしみ込むまで冷蔵庫に1時間ねかせる。

とうもろこし

「人は大量の食物に感動する」

ゆでるだけである。ただし、1、2本ではただ貧乏に見えるだけだ。たくさんあってこそ、人をもてなそうという意志が見える。その見た目がただのとうもろこしを不思議と味わい深くさせる。

材料

●とうもろこし　4本
●水　適宜
●塩　適宜

作り方

①とうもろこしは、皮とひげを取る。
②大きめの鍋にとうもろこしとたっぷりの水を入れ沸騰したら塩を少々を入れ、15分ゆでる。ゆで上がったらざるに上げ、熱いうちに塩をふる。

ふかしいも

「ふかしたイモは人を子供にする」

たくさんのイモをふかす。皿にたくさん盛って、食べたい奴が勝手に取って食う。こんな子供の頃の食べ方をした奴も多いだろう。そこには無邪気だった頃のエネルギーがある。塩をつけて食うのが私は好き。

材料

●さつまいも　4本
●水　適宜
●塩　適宜

作り方

①さつまいもはよく洗い、2つに切る。
②蒸し器に水とさつまいもを入れ火にかけ、蒸気が上がってから20～30分蒸す。竹串がすっと通るようならできあがり。洗ったさつまいもにラップをして、レンジで10～15分（1本分の目安）加熱してもよい。

たぶん、イギリスの若者だろう。いや、本当にその若者がイギリス人かどうか、私にはよくわからなかった。

しかし、あの歩き方、冬だというのにあまり暖かそうではない、くるぶしが出るくらいの短いグレイスーツ、そしてしょぼくれたシャツと赤紫のネクタイを、負けないぞとばかりにピっと着ているあたりがそう思わせた。

クルクルと巻いている金髪を、きれいに刈上げて6：4ぐらいに分けている。年は二二、三であろうか。身長は私と変わらず175センチぐらいか、ほどよくやせている。

青年は窓際の私から二席奥の、少し暗めの二人用テーブルに一人で座った。

ここは北イタリアの片田舎、ミラノから車で二時間、アルバという町の、あまり星のついていないホテルの2階にある朝食用のレストラン。ひとり1万5千リラ払ってテーブルにつく。

私は二泊四日のイタリアロケ（これもかなりセコイ）で、このホテルに昨晩十時過ぎにチェックインした。ロケ出発までの短い時間、イタリアの朝食はどんなものかと食べに来た。

1万5千リラ、ゼロをひとつ取って二で割る。750円ぐらいだろう。

席につく時、青年が私のことを見て軽く笑って頭を傾けたので、私もつられて少し右手をあげてしまった。

朝食はバイキング形式とでもいうのか、好きな物をセルフで取って、コーヒーだけはウエイターが運んでくれる。

ハム、ソーセージ、サラミが数種類。パンも堅いやつや甘いやつ、クロワッサン、トースト、野菜類は少ししなびていた。卵料理といろんなチーズとヨーグルト、果物はリンゴだけだ。

私はちょっと取りすぎてしまい、最後に残した甘いパンを食おうか、止めようか迷っていた。

青年はその間に、きれいに焼いたトースト二枚、少しの野菜とヨーグルト、ハム類を取らずにゆで卵一個、リンゴ一個を自分のテーブルに運んできていた。

ウエイターがコーヒーのポットを持ってくる。青年はウエイターに会釈しながら、固形のバターの銀紙をナイフを使ってきれいにむいた。

バターを均等に割って半分を一枚目のトーストに、残り半分をもう一枚のトーストに塗り分けた。

もう銀紙には、一塗りのバターも残っていない。またナイフを使って、銀紙を四つに畳むと、取り皿の端にきちんと置いた。

私は青年の動きの、あまりの見事さに見入ってしまった。たぶん、それは彼が子供の頃からの習慣であろうが、日本の若造のように食べ方に無駄がないのだ。それはバターの塗り方にとどまらず、コーヒーに入れる砂糖、ミルクの量から、ゆで卵のむき方と食べ方に至るまで、全てに行き届いているのだ。

スプーンの柄でちょいと卵をたたいて、上半分をセミの殻のように取ってしまい、後の半分は取らずにエッグスタンドに入れ、スプーンを持ち替えて中身をすくって口に運ぶ。

それが正式かどうかは知らない。だが、何にたとえればいいのだろう。まるで、日本の侍のような、凛《りん》としたいさぎよさを感じさせたのだ。

貧しさが武器となったのだ。

バイキングにもかかわらず、少しの野菜に少しのチーズ、自分の食する分だけを、正確に取り分け、静かに口に運ぶ。

残した一枚のトーストに、一人分に分けられたマーマレードにバターの上からこれも均等に塗る。やはり甘いものは最後に食べるのか。

パンを食べ終わるのと、コーヒーを飲み干すのが同時だった。どの皿にも何も残っていなかった。

青年はコーヒーのお替わりを勧めるウエイターを丁寧に断り、食べずに取っておいたリンゴをディパックにしまい込むと、もう一度私に笑って席を立った。

1万5千リラ分、たっぷり楽しむとはそういうことだったのか。

ちゃんと食べることは、ちゃんと生きることなのか。

マナーだけなら、私もそれほど揺さぶられはしない。彼がそうやって今までやってきたことに、そして死ぬまでやるだろうことに、私は揺れてしまったのだ。

誰かが作ってくれたものをちゃんと食べる。いさぎよく食べて、いさぎよく死ぬ。

少し遅いが、私もこれからそうするのだ。

揚げパン

「パンの耳は鳩にやるな。男に食わせろ！」

パンの耳は、乾燥して少し固くなった時が揚げるのにちょうどいい。素朴なうまさにいつしか食べるのが止まらなくなっているはずだ。

材料

●あまりもののパンの耳	あるだけ
●グラニュー糖	適宜
●白砂糖	適宜
●揚げ油（サラダ油）	適宜

作り方

①170度に熱した揚げ油に、パンの耳を入れ素揚げし、油をよく切っておく。

②バットに①を並べ、白砂糖とグラニュー糖（1:1の同量）をまぶす。

いちごジャム

「ジャムになりかけの
いちごは妙に嬉しい」

あったかいジャムはおいしい。どこか幸せな感じがするのだ。そしてジャムの中にコロッとしたいちごが入っているのに当たることにも幸せを感じる。液体と固体の両方を味わえて得した感じもする。水は好みで入れなくてもできる。

材料［1人分］

●いちご	600g（約2パック）
●グラニュー糖	250g
●水	250cc

作り方

①いちごはへたを取りよく洗い、バットに並べる。グラニュー糖100gをふりかけ、手で粗くつぶし、冷蔵庫で2時間冷やす。

②鍋に水と150gのグラニュー糖を入れ火にかける。①のいちごを加え、あくを取りながら、弱火でよく煮詰める。

みそ汁

「みその浮気はするな。
具も凝りすぎるな。
ホッとするのは定まった味だ」

きょうは白みそ、明日は赤みそと、みそを替えない。いつも同じ、たとえば風邪をひいて鼻も舌もバカになっても同じ味のみそ汁が作れるようになってから、そういう試みをしてもいい。具もあくまで主菜を邪魔しない程度のシンプルさと量にすることだ。

豆腐とネギのみそ汁

さつまいものみそ汁

材料

［4人前］

※だし汁はあらかじめ取っておく。［だしの取り方 p010-011 参照］

豆腐とネギのみそ汁

- ●豆腐　1/2丁
- ●長ネギ　10cm
- ●だし汁　4カップ
- ●みそ　適宜

さつまいものみそ汁

- ●さつまいも　1/2本
- ●だし汁　4カップ
- ●みそ　適宜

作り方

豆腐とネギのみそ汁

①長ネギは小口切りに、豆腐はさいの目に切る。

②鍋にだし汁を入れ火にかけ、沸騰したら豆腐を入れ2～3分煮る。

③弱火にしてみそを溶き入れ、ネギを入れすぐ火を止める。

さつまいものみそ汁

①さつまいもは、ひと口大に切る。

②鍋にだし汁とさつまいもを入れ中火にかけ、煮る。

③さつまいもが柔らかくなったら、弱火にしてみそを溶き入れる。

絹さやと油揚げのみそ汁

●絹さや　16本
●油揚げ　1枚
●だし汁　4カップ
●みそ　　適宜

①絹さやはすじをとり、斜め薄切りに、油揚げは熱湯をかけて油抜きし、薄切りにする。
②鍋にだし汁を入れ火にかけ、絹さやと油揚げを入れ煮る。
④弱火にしてみそを溶き入れる。

(ライコスマガジンHPアンケート／161人集計／2001年3月現在)

アンケート

みそ汁の具で第一位は、豆腐、次がネギ。ワカメが第三位というのは、ちょっと計算が違った。でもこれは、俺の郷愁だから。だってうまくないもん、ワカメ。女の人は好きだけどね、簡単だから。これは食い慣れてるってことかな。ナメコが意外に健闘しているのは、子供の頃から食ってたわけじゃなくて、定食屋とか高級トンカツ屋で食ってみたらうまかったっていうだけの話と予想するね。俺はやっぱり、豆腐、ネギ、大根、あってじゃがいもかな。組み合わせで油揚げ。このへんが手堅いところ。

みそ汁は定まった味の基本型。保守本流で攻めて間違いなし。

男が好きな、みそ汁の具

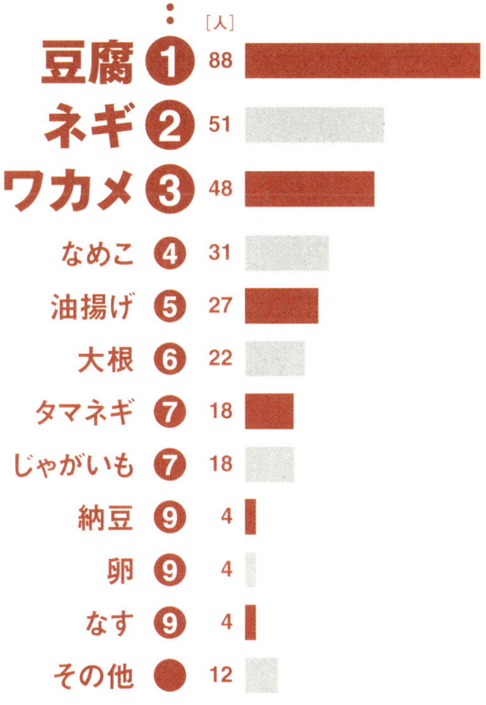

その他内訳：ごぼう・麸・しいたけ・絹さや・そうめん

アンケート結果を見てみると、「今まで作ってもらってカンベンだった料理」で第1位がカレーで、「家庭の味」でも「好きな洋食」でも第1位になっている。

家庭の味というのは郷愁、つまり「思い出の味」のこと。

洋食はレストランの信頼できる「定まった味」のこと。

もうカンベンと感じたのは、「思い出の味」でも「定まった味」でもなかったからだ。カレーでもハンバーグでもシチューでも、男が好きな一品だが、お袋の作ったカレーがうまいというのは、「思い出の味」＝「根に持った味」だから。根に持った味と新しい人が作った味は違う。

そして洋食に対しては「定まった味」を味わえるという思い込みが誰にでもあるが、カレーを食べてみてもNGなのは、結局信頼できない味だったということだ。

訳の分からないスパイスやローリエの葉っぱが入っているカレーには腹が立つものだ。そば屋のカレーにはローリエははいってないだろ？　ワインとかはいってんだよ。しかもアルコールとばさないから、カレー

「好きな洋食・家庭の味」と「カンベンだった料理」がダブるのは当然の結果なのだ。

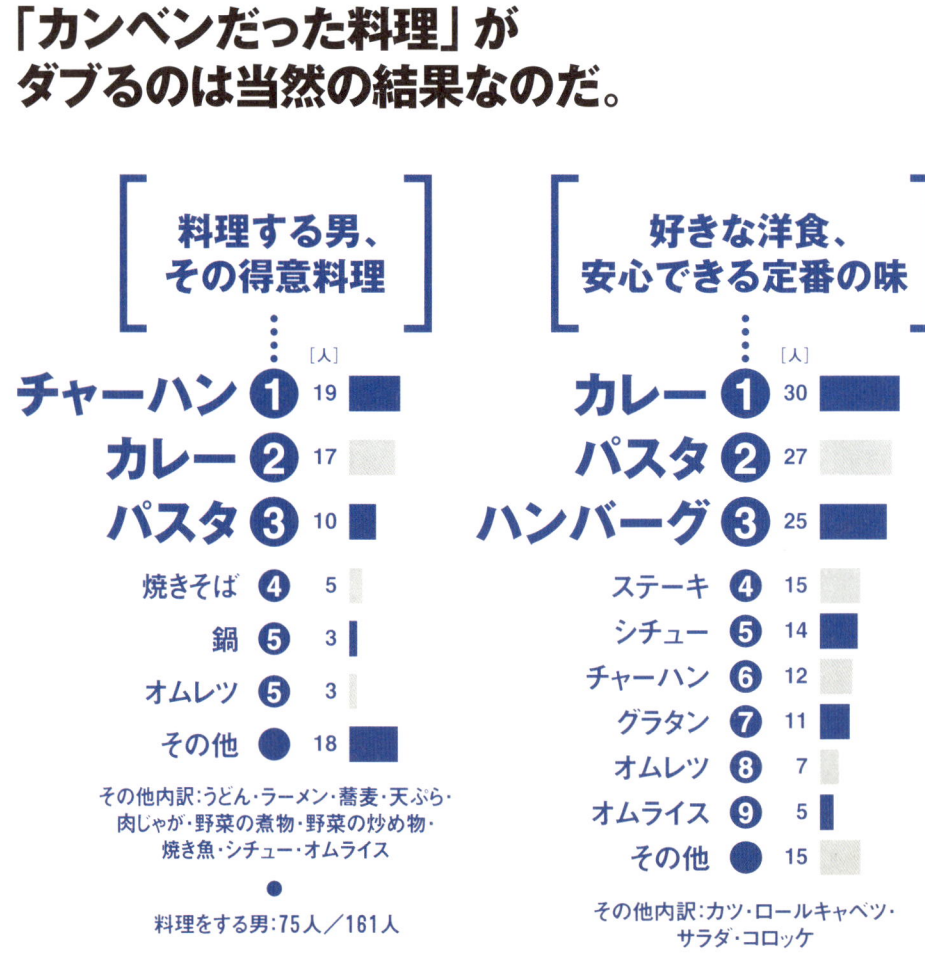

料理する男、その得意料理

料理	順位	[人]
チャーハン	1	19
カレー	2	17
パスタ	3	10
焼きそば	4	5
鍋	5	3
オムレツ	5	3
その他	●	18

その他内訳:うどん・ラーメン・蕎麦・天ぷら・肉じゃが・野菜の煮物・野菜の炒め物・焼き魚・シチュー・オムライス

●

料理をする男:75人／161人

好きな洋食、安心できる定番の味

料理	順位	[人]
カレー	1	30
パスタ	2	27
ハンバーグ	3	25
ステーキ	4	15
シチュー	5	14
チャーハン	6	12
グラタン	7	11
オムレツ	8	7
オムライス	9	5
その他	●	15

その他内訳:カツ・ロールキャベツ・サラダ・コロッケ

食って酔っちゃったりするんだよ。

たとえば、あじの開きは、誰が焼いてもあじの開き。焼けてるか焼けてないかだけが問題だ。カレーは本来、定まった味がないから、自分たちが育ったカレーが基準になる。その延長線上にそば屋のカレーやレストランのカレーがあるのは、多少違っていても味が定まっていて、おいしいからなのだ。

だから、男が「カレーが好きだ」というので作ってみると、レストランともそば屋ともお袋とも似つかないカレーが出てきて、「カンベン」になる。

これが、洋食や家庭の味で上位に入るものが、カンベンな料理でも上位である理由だ。

一方、「料理をする男、その得意料理」では、カレーやチャーハンはなんとか自分でも自分なりに郷愁に近いものが作れたりする。でも、シチューは基準がないから作れない。とても、わかりやすい結果だ。

男に料理を作ってあげようとするなら、まちがっても、天ぷらやシチューは作っちゃいけなくて、ちょっとやればうまくなるパスタやハンバーグやコロッケをマスターすれば、“男はまいる”ということが、これでわかっただろうが。

男がカンベンな料理、今後作るべからず

	順位	[人]
カレー	1	23
チャーハン	2	10
天ぷら	2	10
シチュー	4	8
焼き魚	4	8
オムライス	6	7
ニラレバ炒め	6	7
海老チリ	6	7
ロールキャベツ	9	6
カツ	10	5
すき焼き	10	5
タイカレー	10	5
焼きビーフン	10	5
その他		55

その他内訳：ミートローフ・肉じゃが・餃子・パスタ・ラーメン・うどん・きんぴらごぼう・グラタン・ドリア・焼売・鶏の唐揚げ・野菜炒め・オムレツ・サラダ・ハンバーグ・親子丼・鍋・野菜の煮物

家庭の味、郷愁さそう思い出の味

	順位	[人]
カレー	1	34
肉じゃが	2	28
シチュー	3	11
すき焼き	4	9
コロッケ	5	7
焼き魚	6	6
きんぴらごぼう	7	5
野菜の煮物	7	5
グラタン	9	4
鶏の唐揚げ	9	4
天ぷら	9	4
オムレツ	9	4
その他		40

その他内訳：厚焼き卵・オムライス・カツ・野菜炒め・ステーキ・チャーハン・ハンバーグ・フライ・ミートローフ・親子丼

私のコロッケをまずいと言った女はひとりもいない。

冬だというのに、その女は裸足だった。もう、日も暮れかけていたから、気温はかなり下がっているはずだ。

私から30メートル、私が止まれば、女も止まる。私がニラむと、その倍の力で、女がニラみ返した。その瞳の強さに辺りの冷気が一層深まる。

しかたがないので、又、歩き出す。つられる様に女が歩く。黒のセーターに、グレーのミニスカート。バックも持たずに、その上、裸足。女は代々木ゼミナール前の商店街を、目を私に据えて、スタスタ歩く。かなり遠くからでも、その女の異常さは人の目についたらしく、町ゆく人々にジロジロと見られていた。見られていたのは女だけでなくその30メートル先をパッパッと歩く、私も同じだった。

「コラ!!見せ物じゃネェぞ」心の中だけで私はどなる。黒のタートルにジーパン。私も裸足だった。

私達は、南新宿から代々木を抜けて、原宿、そして、今はもう渋谷近くの大きな公園まで一時間以上凍てつく、冬の道を歩いてしまった。

どうして、こんな事になってしまったのか思い出すと、怒りで頭がクラクラした。

私はコロッケを作っていた。私はコロッケに自信があった。今まで、私のコロッケをまずいと言った女は一人もいない。ジャガイモを形がくずれないように、少し固めにゆでる。やわらかくすると、食べた時の食感が、そこなわれる。ひき肉を炒めて、先にこんがりと炒めた玉ネギにあわせる。コショウを少し使う。

油の温度が上がってきた。

今日の昼メシは、大量のキャベツと、山盛りのコロッケだ。私は晩に友人と麻雀の約束をしていた。

女から、金を借りなければ麻雀が打てない。麻雀で勝たなければ、明日の女の誕生日に丸井で売っていた、モス・グリーンのセーターが買えない。誠に勝手な理由だが、その当時の私は自分の行動の正義を信じた。

女の名は、明美と言った。明美は演劇の学校に通いながら、銀座のクラブで働いていた。明美は源氏名だが、本名より先に覚えたので私はこう呼ぶ。

明美は神田川が窓下に見える出窓に座って、コーヒーを片手に、セーラムをくゆらせながら、私の作る食事を待っていた。

今、まさに、最後のコロッケがきつね色に揚げ上がろうとした、その時、うすいベニヤ板を誰かがたたいた。

三越からのお届け物は、明美が店の客に買ってもらった五十万の毛皮だった。

前の晩、遅くに明美は酒に酔って、客のタクシーに乗せてもらって帰ってきた。

帰りが遅くて気になって表に出て待っていた私は、明美がタクシーの降り際に、客の腕に抱かれるのを、しっかり、電柱の陰から見ていたが、何も言わなかったし、また、何も出来なかった。

だが、三越から届いた、五十万の毛皮に私は切れた。口ぎたなく明美をののしった。毛皮のコートはさっきまで明美が座っていた出窓を越えて、神田川の泥水に浮かんだ。

今度は、明美が切れた。半分盛りかけのコロッケを、キャベツや盛り皿と一緒に川に投げる。

コロッケは沈んだが、毛皮はまだ浮いて流れていた。

それからは、私の大切にしていたジーパンやら、ライター、明美の好きなハイヒールやら、ブーツやら、いろんな物が川に沈んだ。

それでも二人の怒りはおさまらなかった。私は家を裸足で飛び出した。何故か、明美も逆上しながら、ついて来た。

代々木公園の陸橋の上で明美が私に追いついた。

二人は、裸足で睨み合った。小学生の団体が、先生に引率されて、私達の脇を笑いながら、ふざけながら、通りすぎた。

しばらくすると、遠くから子供の「ハダシ、ハダシ、裸足の大人」のはやし声が聞こえた。

二人で、小学生をニラんだ。向きを変えて、明美が私の方をニラみ返した。そして明美が、プッと吹きだした。つられて私も笑った。

明美が、私に抱きついてきたので、私も抱きついた。明美が泣き始めたので、私も泣いた。

その横をまた、別の集団の小学生が通りすぎた。しばらくすると「ハダシ、ハダシ、裸足の大人」のはやし声が、それにまじって「泣き虫大人」も聞こえたが、私達はもう何も気にならなかった。ただ足だけは寒さを通りこして痛さがジンジンと腿のつけ根まで登ってきていた。

二人で、手をつないでピョンピョンと跳びはねながら「寒い、痛い」を連発しながら、家に向かった。明美は私の動きがおかしいと、また、笑った。

ボロアパートは、まだ窓が開け放たれたままで、外よりもっと寒かった。

風呂がないので、お湯を沸かして、まず明美の足を温めた。

明美の投げ捨て忘れたコロッケが一つだけ、コンロの横の揚げ物台の上に乗っていた。

「食うか」とたずねると、ウンとうなずく明美は、洗面器に冷えた両足をつけながら、もう冷めてしまった私のコロッケをほおばった。

「おいしい」と言って、また泣いた。

「故郷食べているみたい」とわけのわからない事も言って、私をしみじみさせた。

私はコロッケを作るのがうまい。今まで私のコロッケをまずいと言った女はひとりもいない。

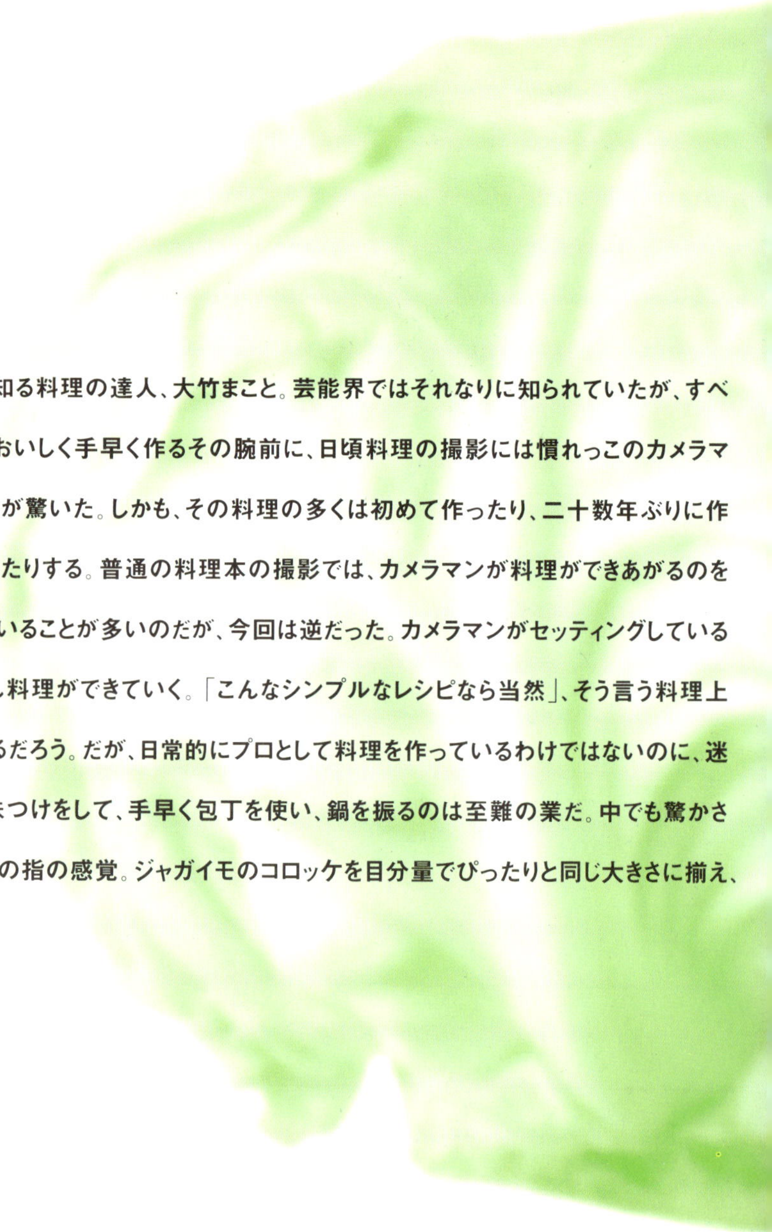

知る人ぞ知る料理の達人、大竹まこと。芸能界ではそれなりに知られていたが、すべての料理をおいしく手早く作るその腕前に、日頃料理の撮影には慣れっこのカメラマン他スタッフが驚いた。しかも、その料理の多くは初めて作ったり、二十数年ぶりに作ったものだったりする。普通の料理本の撮影では、カメラマンが料理ができあがるのをじっと待っていることが多いのだが、今回は逆だった。カメラマンがセッティングしている間にどんどん料理ができていく。「こんなシンプルなレシピなら当然」、そう言う料理上手の方もいるだろう。だが、日常的にプロとして料理を作っているわけではないのに、迷いなく勘で味つけをして、手早く包丁を使い、鍋を振るのは至難の業だ。中でも驚かされたのは、その指の感覚。ジャガイモのコロッケを目分量でぴったりと同じ大きさに揃え、

だしまき卵は寿司屋顔負けの美しさできれいな形に整える。これらはプロの経験の成せる技、修業の賜物だと思っていたのだが、それをいとも簡単にやってのけるのだ。一種の天才に違いない。

料理に凝ればいくらでも凝れるところを、あえて、男の胃袋がほんとうに欲しがっているものだけを追求してみたこの一冊。

実際、大竹まことが作る料理を食べるうち、男も女もなんだか「まいって」いった。おいしい、そう言うたびに大竹まことにひかれていく。目がトロンとしてくる女性スタッフもいた。

意中の人の胃袋と心をつかみたかったら、迷わずこの本の料理を作り、エッセイを読むべし。これまでより二人の間はぐっと近くなり、気持ちがしっかり分かりあえる。

●アートディレクション
SAI

●撮影
金田邦男

●フードコーディネート＆スタイリング
熊谷由美

●衣装スタイリング
勝俣淳子

●衣装
SEVEN UNIFORM　セブンユニフォーム　新宿店
Daniel Crémieux　Daniel Cremieux

●撮影協力店
ドゥ・セー　自由が丘店　電話 03-5731-7200
ザ・セノゾイック　自由が丘店　電話 03-5701-0221

●協力
ライコスマガジン
ASH&D

●コーディネート
押切伸一

こんな料理で男はまいる。

平成13年5月22日　初版発行

著者　大竹まこと

発行者　角川歴彦
発行所　株式会社角川書店
東京都千代田区富士見2-13-3　〒102-8177
振替／00130-9-195208
電話／営業部 03-3238-8521　編集部 03-3238-8555

印刷所　旭印刷株式会社

製本所　本間製本株式会社

乱丁・落丁本は小社営業部受注センター読者係宛にお送り下さい。
送料は小社負担でお取り替えいたします。

Printed in Japan　ISBN 4-04-853374-6 C0077